TINY TRAVELERS
ENCUENTRA TU BOSQUE

Copyright © 2024 Encantos Media Studios, PBC.
TINY TRAVELERS™ y ENCANTOS®
son marcas registradas de Encantos Media Studios, PBC.
Todos los derechos son reservados.

Los datos de catalogación de la
Biblioteca del Congreso están disponibles.
Primera edición, Enero 2024
Impreso en China
ISBN 978-1-954689-31-2

¿Sabías que hay 574 tribus nativas americanas en los Estados Unidos? Cada una de estas tribus tiene una conexión única con la tierra y diferentes prácticas culturales. Por favor visita la página de Recursos al final del libro para obtener más información.

**Esperamos que este libro te ayude a descubrir las aventuras que te esperan en el bosque.
—El equipo de Encantos**

Sobre los Autores
Audrey Noguera es una autora primeriza que toma largas caminatas en la naturaleza siempre que puede. La puedes encontrar explorando los fabulosos bosques de Nueva Jersey junto a su padre y coautor Taylor Margis-Noguera.

Sobre la Ilustradora
Abigail Gross es una ilustradora de libros infantiles y pintora de fondos con sede en Pensilvania. Graduada del Pratt Institute, ha ilustrado más de quince libros, siendo el más reciente *Kiki Can! Go to School*.

Sobre Tiny Travelers
Tiny Travelers fue creado por Steven Wolfe Pereira y Nuria Santamaria Wolfe con la misión de ayudar a los niños a convertirse en "ciudadanos del mundo". A través de una narración detallada y juegos interactivos divertidos, Tiny Travelers da vida a la cultura, la geografía, la historia y más para que los niños puedan aprender sobre la rica diversidad de personas y lugares alrededor del mundo.
Visita **tinytravelers.com** para obtener más información.

Este libro fue creado en colaboración con la autora Annie Margis, ilustrado por Abigail Gross, diseñado por Angie Monroy y editado por Susie Jaramillo y Carolina Dammert. Agradecimientos especiales a Steven Wolfe Pereira y Dhatri Navanayagam, así como a los equipos de Target y Essence.

Traducido al español por Leslie Rodriguez.
El texto fue compuesto en Cooper y Prater Sans y las ilustraciones de este libro fueron creadas digitalmente.

Agradecemos al Servicio Forestal (una agencia del Departamento de Agricultura de los Estados Unidos) y al Ad Council por su aporte a este libro. El USDA es un empleador, proveedor y prestamista que brinda igualdad de oportunidades.

Para obtener más información y descubrir un parque o bosque cerca de ti, visita

WWW.DESCUBREelBOSQUE.org

TINY TRAVELERS
ENCUENTRA TU BOSQUE

Escrito por Audrey Noguera y Taylor Margis–Noguera
Ilustrado por Abigail Gross

Protector solar. Agua. Un diario y bocadillos.
Todo está listo en la mochila y los bolsillos.
Iremos juntos a un bosque especial.
Visitar la naturaleza es esencial.

¿Sabías qué...?
Dar un paseo por el bosque puede ayudarte
a relajarte y a sentirte tranquilo y feliz.

Pero, ¿dónde habrá un bosque?
En sus marcas, listos, ¡exploremos!
Abriendo la puerta lo encontraremos.

Cosas para llevar

- ☑ Protector Solar
- ☑ Agua para tomar
- ☑ Bocadillos
- ☑ Binoculares
- ☑ Repelente
- ☑ Diario
- ☑ Sombrero
- ☑ Mochila
- ☑ Silbato

Árboles en los jardines. Árboles con detalles.
Árboles en el parque y concreto en las calles.
Todos los árboles de tu vecindario
hacen el bosque urbano que ves a diario.

Sicómoro

¿Sabías qué...?
Un arbolista es una persona cuyo trabajo
es plantar y cuidar árboles. Qué trabajo
tan divertido, ¿verdad?

Arbolista

Los bosques urbanos enfrían el aire y
silencian el ruido de la ciudad;
crean sombrita aquí y allá,
¡dar oxígeno es su especialidad!

Muchos árboles forman un bosque pero,
¿qué forma a un árbol en realidad?
Un tronco con raíces de donde brotan
ramas y hojas con gran habilidad.

Roble

Cornejo

Algunos árboles son altos,
y algunos árboles son pequeños,
y algunos están justo en el medio.

Urraca azul

Avellano

¿Sabías que...?
Puedes determinar la edad de un árbol contando sus
anillos. Cada círculo representa un año de crecimiento.

La piel nos cubre a nosotros
como a los árboles su corteza.
Somos similares…
pero un árbol no duerme, ¡ni bosteza!

Maple

LA COPA

Hojas y Ramas

EL TRONCO

Corteza

LAS RAÍCES

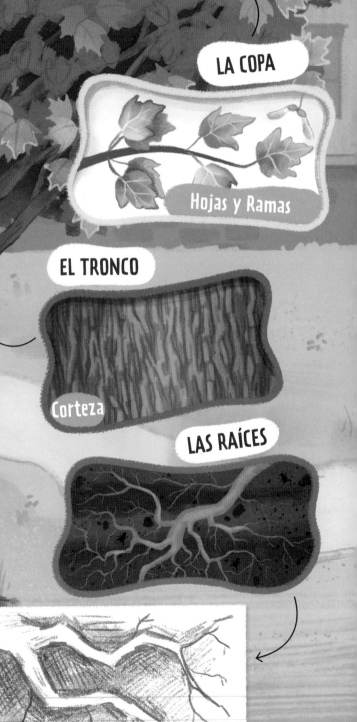

De un árbol muerto, queda su tronquito
y sirve de hogar para algún animalito.

TRONCO MUERTO

Mirlo de alas rojas

Lechuza

Conejo

Hongos

¿Sabías que...?
Los árboles pueden vivir más de cien años. ¡Algunos incluso viven MILES de años!

¡Vamos a hacer una caminata! Sigue los senderos que serpentean.

Atrapa las hojas que caen y escucha cómo los árboles se menean, se menean y se menean.

¿Cuántas criaturas ves?
¿Dos? ¿O tres?
Observa también los
hongos a tu alrededor.
¡Todo en el bosque es encantador!

Nuestro consejo es ver, pero no tocar
y así a nuestros bosques, con cuidado,
preservar.

Halcón

Álamo

mantente
en el
sendero

Zarigüeya

Liquidámbar

Zorro

Madreselva

Hongos

¿Sabías qué...?
Los hongos son una especie común del reino fungi.
No requieren luz solar para crecer,
¡y algunos incluso brillan en la oscuridad!

En el reino animal, vegetal e insecta,
todos desempeñan un papel en el ecosistema.

Los gusanos comen hojas.
Las ranas comen gusanos;
las garzas comen ranas
y así ha sido el ciclo por años.

Halcón

Garza

Ganso

Pato

Azaleas

Tortuga

Rana verde

¿Sabías qué...?
Las ranas son carnívoras, lo que significa
que comen insectos, gusanos, pequeños
mamíferos, peces, ¡e incluso otras ranas!

Rudbeckia

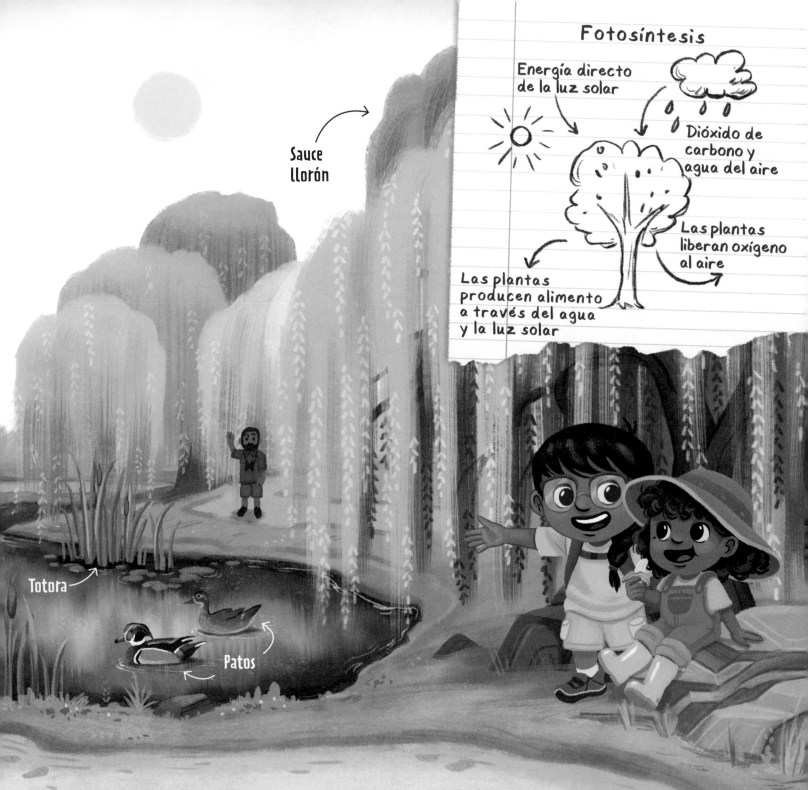

Fotosíntesis

Energía directo de la luz solar

Dióxido de carbono y agua del aire

Las plantas liberan oxígeno al aire

Las plantas producen alimento a través del agua y la luz solar

Sauce llorón

Totora

Patos

Los bosques producen oxígeno, sin el cual nadie viviría; filtran el agua para beber y previenen las sequías.

Los árboles convierten luz solar en energía. Su habilidad química nos da vida, ¡y mucha alegría!

Algodoncillo

Los bosques tropicales son calurosos.
Los bosques boreales son fríos.

Los bosques templados
ni muy calientes, ni muy fríos van.
Los bosques de secuoyas muy viejos están.

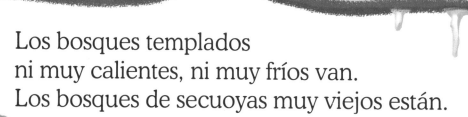

En invierno,
las hojas de algunos árboles desaparecen.
Pero en los bosques siempreverdes,
las hojas permanecen

Pino
rígido

Nogal
cascarrabias

Hongos

Culebra

¿Sabías que...?
El Bosque Nacional El Yunque en Puerto
Rico es un bosque tropical que recibe más
de cien mil millones de galones de lluvia, ¡cada año!

La flora y la fauna
son las plantas y los animales;
desde musgo en rocas
hasta ardillas originales.

Mapache

Nogal

Venado

Col de mofeta

Hongos

Equinácea

Ardilla

¿Sabías que...?
Los árboles se comunican entre sí a través
de sus raíces y de hongos para advertir
sobre sequías, enfermedades y ataques de insectos.

Todos dependen del bosque para progresar.

LUCIÉRNAGA

ARDILLA

Los llamativos, los peluditos,
los suavecitos, los brillositos.
Los emplumados, los escamosos,
los trepadores, los espinosos.

MARIQUITA

SALAMANDRA

Y hasta los más chiquitos,
¡ayudan al bosque
a prosperar!

HIEDRA VENENOSA

¡Cuidado!

La hiedra venenosa
puede causar picazón.

Acuérdate: Si tiene tres hojas,
mejor ni la tocas.

Los pájaros hacen nidos de abajo hacia arriba.
Cantan canciones y vuelan en subida,
por todo el campo y sus alrededores,
recolectando ramitas y viendo las flores.

Cernícalo

Pájaro
carpintero

Cardenal

Paloma
torcaz

Carbonero
cabecinegro

Herrerillo

¿Sabias que...?
¿Alguna vez te has preguntado cómo es que vuelan los
pájaros? Además de las plumas, los pájaros tienen huesos
huecos que los hacen ligeros y facilitan su vuelo.

Gorrión
cantor

Colibrí

Pluma de ala

Pluma de cola

Pluma de cuerpo

Robin

Pájaro carpintero

Cierra los ojos y escucha con atención.
¿Oyes al pájaro y su canción?
Abre los ojos y búscalo.
¡Anda, tú puedes, encuéntralo!

Cenzontle

Cuervo

Jilguero

Abeja

Lombriz

Los escarabajos comen madera podrida.
Los caracoles hacen de las hojitas comida.
Hormigas y arañas, cada momento,
mantienen el bosque limpio y contento.

Ciempiés

Caracol

Hormiga

Mantis

¿Sabías que...?
Las tribus nativas americanas tienen sus propios nombres,
conocimientos y experiencias con la mariposa monarca.
Para algunos, las mariposas monarca son símbolos de
buena fortuna, buena salud y larga vida.

Araña

Abejorro

Saltamontes

Polilla

Escarabajo

Mariposa monarca

Las abejas son expertas en la polinización;
ayudan a que más florecitas nazcan.
Las mariposas hacen una larga migración,
vuelan y vuelan, ¡y no descansan!

Escarabajo ciervo

Sin darnos cuenta, muchos de nosotros productos del bosque usamos:

MADERA

LIBROS

FRUTAS

Castaño americano

La silvicultura sostenible quiere decir que intentamos devolverle al bosque lo mismo que tomamos de él.

Busca estos logotipos cuando estés de compras con tu familia.

SUSTAINABLE FORESTRY INITIATIVE

FSC®

PEFC™

el papel higiénico, los muebles, la ropa,
y los instrumentos musicales que tocamos.

PAPEL HIGIÉNICO

MUEBLES

ROPA

¿Sabías que...?
Muchas tribus nativas americanas han utilizado
diferentes tipos de plantas del bosque como
medicina desde hace mucho tiempo.
Las hojas del castaño americano se han usado como
remedio para los resfriados. Las semillas del castaño
son deliciosas y la madera sirve para construir casas
y muebles.

El bosque es tranquilo, verde y vibrante;
mantenerlo limpio es lo más importante.

Olmo
americano

Recuerda que
al bosque hay que cuidar
y a sus habitantes siempre respetar.

Sé muy cuidadoso en este lugar;
los bosques también necesitan respirar.

Pino
blanco

¿Sabías que...?
Los guardabosques son adultos que aman
el bosque y ayudan a cuidarlo.
Asegúrate de saludarlos cuando los veas.

Actividades

Frotado de hojas

¡Creemos una copia de una hoja en papel!
Solo necesitas <u>una hoja</u>, <u>papel</u>,
y tu <u>crayón favorito</u>.

1. Encuentra una hoja en el suelo.
2. Coloca la hoja sobre una superficie plana y coloca encima una hoja de papel en blanco.
3. Frota el crayón sobre el papel.
4. ¡Aparece la hoja! ¿No es increíble? Inténtalo con diferentes hojas y colores.

Mapa de sonidos

¡Vamos a hacer un mapa de los sonidos del bosque!
Todo lo que necesitas es <u>un cuaderno</u>, <u>tus oídos</u>, y <u>un lápiz</u>.

1. En tu cuaderno, coloca una equis (X) en el centro de una página en blanco. Esa equis eres tú.
2. Cierra los ojos y escucha… ¿Qué está produciendo el sonido que oyes? ¿Pájaros, insectos, el viento?
3. Abre los ojos y marca dónde escuchaste cada sonido a tu alrededor y qué crees que es.
¡Mira, has creado un mapa de sonidos!

CARDENAL

Cerca de 9 pulgadas
Rojo fuerte (masculino)
Sonidos agudos
Vi tres cardenales

Un diario de la naturaleza

¡Vamos a escribir sobre tu aventura en el bosque!
Todo lo que necesitas es <u>un diario</u> y <u>algo para escribir</u>.

1. Anota todo lo que hiciste, escuchaste y viste.

2. Dibuja imágenes de las plantas, los animales y todo lo demás que te haya gustado del bosque.

3. Invéntate una historia sobre el bosque. ¿Viste? *¡Eres un gran escritor!*

Búsqueda del tesoro

¡Vamos a buscar tesoros!

1. Trae a un adulto para que te ayude a buscar estos increíbles hallazgos en el bosque.

Encuentra en el libro:	*Busca en el bosque:*
○ Sicómoro	○ Un pájaro
○ Urraca azul	○ Un insecto
○ Hongos	○ Una flor
○ Conejo	○ Una roca
○ Rana verde	○ Una ramita
○ Lombriz	○ Una mariposa

MARIPOSA

Recursos

Actividades familiares en la naturalez

* Recursos:
descubreelbosque.org/recursos

* Recursos de investigación científica y carreras:
naturalinquirer.org

* Recursos educativos de Woodsy Owl y Smokey Bear:
apps.fs.usda.gov/symbols

* Actividades familiares de la naturaleza:
plt.org/activities-for-families

fishwildlife.org/projectwild/ wild-parents

* Suministros para actividades de educación ambiental y natural:
acornnaturalists.com

Descubriendo lugares al aire libre para explorar

* Descubre un parque o bosque cerca a ti:
descubreelbosque.org/mapa

* Planificación de viajes para visitar tierras públicas:
descubreelbosque.org

Aprende más sobre las tribus nativas americanas

* Si visitas Washington, DC o Nueva York, NY, visita el Museo Nacional del Indio Americano y aprende más sobre la rica historia y cultura de las tribus nativas americanas:
americanindian.si.edu

Recursos del libro "Encuentra tu bosque":

Cosas para llevar

Mochila

Repelente de insectos

Linterna

Protector solar

Botella de agua

SPF 50

Silbato

Bocadillos

Botiquín de primeros auxilios

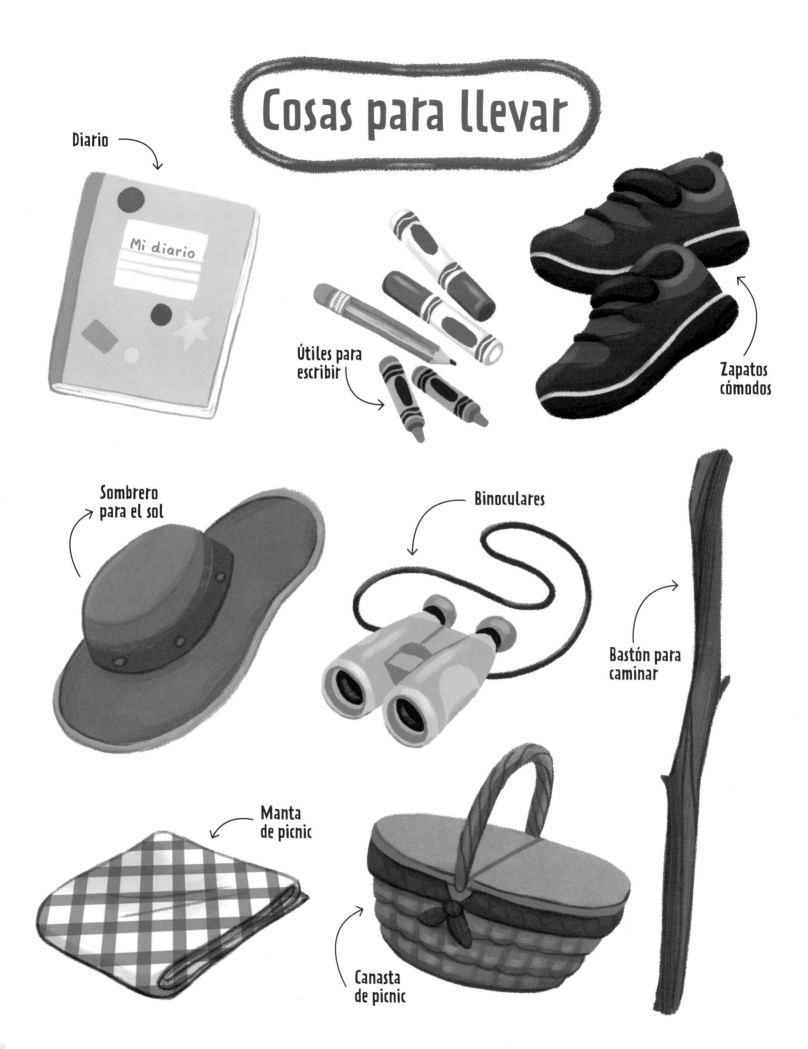

Cosas para llevar

Diario

Útiles para escribir

Zapatos cómodos

Sombrero para el sol

Binoculares

Bastón para caminar

Manta de picnic

Canasta de picnic